AF339640

BANQUET

DÉMOCRATIQUE & SOCIAL

DE NEVERS (Nièvre).

—

3 DÉCEMBRE 1848.

—

COMPTE-RENDU. — TOASTS.

NEVERS,

IMPRIMERIE DE REGNAUDIN-LEFEBVRE,

Place de la Cité, 2.

—

1848.

BANQUET

DÉMOCRATIQUE ET SOCIAL

DE NEVERS (NIÈVRE.)

Dimanche 3 décembre 1848, jour fixé pour le Banquet démocratique et social de Nevers, à midi les délégués des corporations ouvrières de Nevers, ceux des montagnards morvandeaux, ceux de Cosne et Clamecy se sont réunis sur la place de la République. A une heure, les sections se sont formées ; aussitôt la colonne s'est déployée, et les citoyens GAMBON, représentant du Peuple, président du banquet, et J. MIOT, conseiller général du département, vice-président, qui avaient été invités à se placer à la tête du cortège, ont donné le signal du départ.

La colonne s'est mise en marche, a traversé la ville avec un ordre et un calme imposants, et s'est rendue dans la salle préparée pour le banquet.

En entrant, diverses inscriptions frappaient les regards des assistants ; en voici quelques-unes : *devoir, amour, travail libre, impôt progressif, fermeté, courage, instruction gratuite, honneur, patrie, union des peuples, fraternité, association, vivre libre ou mourir, justice gratuite, droit au travail, liberté de la presse, etc., etc.* Chaque section a pris son rang à table, et immédiatement le président a déclaré que la cérémonie était commencée.

Il a ensuite engagé le citoyen J. Miot, vice-président, à faire lecture des lettres d'adhésions.

Le citoyen J. Miot monte à la tribune, et ouvre ainsi la séance :

Démocrates-Socialistes ,

Au calme solennel que je remarque dans cette assemblée, je sens que mes prévisions ne me tromperont pas ; je vois que nos ennemis en seront encore pour la honte de leurs calomnies: car, vous le savez, citoyens , des bruits sinistres avaient été répandus partout ; les jésuites allaient disant dans la ville, que votre manifestation serait tumultueuse, violente, qu'elle devait jeter le désordre parmi la population ; ils insinuaient que vous étiez des anarchistes, que vous ne pouviez vous réunir sans collisions sanglantes ; et pourtant, au calme que je remarque parmi vous, je douterais de votre enthousiasme républicain : je croirais nécessaire de vous conseiller d'accuser plus de vigueur ; mais ce soin devient superflu, je connais la température de votre foi républicaine, je sais tout le feu qui échauffe vos cœurs — cette tranquillité n'est que la conscience de votre force : calmes, ici, lorsqu'il ne s'agit que d'entendre des paroles de liberté, vous seriez des lions pour défendre la République, si les royalistes étaient assez insensés pour la menacer sérieusement. (Tonnerre d'applaudissements.)

Je vais vous lire maintenant les lettres d'adhésions qui me sont remises par votre président. — Je commence par celle d'un proscrit : c'est une faveur que nous lui devons.

Saint-Pierre-le-Moûtier, le 2 décembre 1848.

Mon cher citoyen,

J'ai le regret de ne pouvoir me rendre à l'invitation des commissaires du Banquet qui doit avoir lieu demain, mais la santé de ma femme et la mienne même m'obligent à rester chez moi ; je vous prie donc de m'excuser auprès des patriotes réunis, et de recevoir l'assurance de mon dévouement.

Salut et fraternité,

RAT.

Citoyens,

Pour donner nous-mêmes l'exemple de l'union démocratique qui doit régner dans votre banquet, nous venons de formuler un programme où sont exposés nos principes, les véritables principes de la démocratie. Le citoyen Ledru-Rollin aurait été heureux d'aller les proclamer et les développer au milieu de vous, mais les circonstances graves où nous nous trouvons ne nous permettent pas, en ce moment, de quitter le poste que les suffrages du peuple nous ont assigné.

Nous vous remercions, au nom de notre collègue, des sentiments que vous lui exprimez; nous vous remercions et nous vous félicitons, au nom de tous les amis de la République démocratique et sociale, des généreux efforts que vous faites dans l'intérêt de cette grande cause à laquelle nous nous sommes tous dévoués.

Soyez bien convaincus, citoyens, que nous serons de cœur avec vous, et que, dans cette communion fraternelle, nous nous réunirons tous, par une même pensée, par un même sentiment, par un même cri :

Vive la République démocratique et sociale !

SALUT ET FRATERNITÉ :

F. DEVILLE.	F. PYAT.
J. PÉGOT OGIER.	MATHÉ.
BRIVES.	PELLETIER (de Lyon.)
MATHIEU (de la Drôme.)	ROBERT (de l'Yonne.)

——

Citoyen,

Invité de votre part par mon collègue le citoyen Gambon, à assister au banquet démocratique de Nevers, je m'empresse de vous exprimer, avec ma reconnaissance, le regret que j'éprouve de ne pouvoir accepter cette invitation fraternelle. Dans les graves circonstances où nous nous trouvons, chacun doit être au poste qui lui est assigné; mais si mon devoir me retient ici, je n'en serai pas moins au milieu de vous par mes sympathies. Plus que jamais nous avons besoin de nous unir et de serrer nos rangs. Rien n'est encore fini. Les ennemis de la République ne l'ont acceptée de nom que pour travailler plus facilement à la renverser.

Formons, pour la défendre, un seul corps animé d'une seule pensée, d'une seule volonté. Que d'un bout à l'autre de la France, la main dans la main, le cœur contre le cœur, ses enfants jurent de la sauver, et ils la sauveront.

Salut et fraternité,

LAMENNAIS.

Paris, le 7 novembre 1848.

Moulins, le 1ᵉʳ décembre 1848.

Chers citoyens,

Nous venons vous exprimer les regrets que nous éprouvons de ne pouvoir assister, soit par nous-mêmes, soit par un certain nombre de délégués , à votre fête de famille.

Mais vous ne doutez pas que nous ne soyons au milieu de vous de tout notre cœur et de toute notre ame. Sans parler de ces petits motifs, misères qui sont incessamment tombées sur le parti démocratique, la gravité des circonstances nous fait presque un devoir de sacrifier le bonheur que nous aurions de saluer avec vous l'inévitable et prochain avènement de la République démocratique et sociale, pour veiller ici à tous les intérêts de la cause et du parti.

Liberté, Egalité, Fraternité : voilà notre devise, dites le bien à vos amis.

Vive la Montagne !
Vive Ledru-Rollin !

Pour les cercles démocratiques de Moulins :

Le secrétaire du cercle républicain ,

AUMAISTRE.

Le président du cercle de la Fraternité ,
RIOU.

Le président du cercle de la Liberté ,
VIDARD.

Le président du cercle de l'Egalité ,
SORET.

Toast du citoyen **PERRIER**, étudiant à La Charité-sur-Loire.

Citoyens et amis,

Si je prends la parole dans cette réunion fraternelle, c'est que je désire faire connaître aux démocrates ce que pense la jeunesse sur la présidence de la République.

Nous croyons qu'un président est inutile aujourd'hui, et que plus tard même il deviendra un obstacle au progrès, en fractionnant la souveraineté. La présidence n'est qu'un reste de la tradition monarchique.

Mais comme le pays, comme la masse des citoyens n'est pas encore assez éclairée, assez convaincue de cette vérité, il faut accepter la décision de la majorité, et porter nos suffrages sur l'homme qui nous offre le plus de garanties et de chances de succès.

Et cet homme, à mes yeux, c'est le citoyen Ledru-Rollin. Comme homme d'action, de gouvernement, il est le seul de tous les candidats à la présidence qui résume le mieux les opinions de la France démocratique et le principe révolutionnaire. La révolution en effet semble s'être incarnée en lui et par cela même il est le plus capable de la développer et de la défendre.

Sans attaquer le citoyen Cavaignac, est-ce lui, en conscience, l'homme de la révolution ! Sans faire injure au citoyen Louis Bonaparte, est-ce lui encore l'homme de la révolution ! j'en dirai autant de Lamartine, de Thiers, de Bugeaud !...

L'homme de la révolution, c'est celui qui le premier est monté sur la brèche pour la proclamer. C'est celui qui l'a défendue pendant 15 ans, et qui la soutient encore contre les attaques des partisans du statu-quo et ceux d'une politique ultra sociale.

La révolution de février n'est pas une surprise, c'est l'idée qui cherche à se réaliser. Elle marche depuis la venue du Christ, et ces transformations sociales qui s'opèrent sous nos yeux ne sont pas de simples accidents. Non, mille fois non, la révolution n'est pas une surprise ! elle sera bientôt une invincible réalité pour ceux qui voudraient la considérer toujours comme un rêve et une utopie !...

Le principe républicain est immortel !

Si nos pères ont dit : périsse le monde plutôt qu'un

principe, je dirai, moi : périsse le monde plutôt que la République ! car ce n'est que la mise en œuvre de ses principes qui amènera cet ordre, cette liberté, cette égalité, cette fraternité qui n'existent pas plus aujourd'hui que par le passé.

Est-ce l'ordre en effet que ce qui existe aujourd'hui ? Est-ce la liberté que cette oppression du faible par le fort, du pauvre par le riche ?

Est-ce l'égalité que cette opulence des oisifs à côté de la misère des travailleurs?

Est-ce de la fraternité, que cet individu à l'âme impitoyable qui entretient entre les citoyens une lutte fratricide? Non.

Aussi je n'hésite pas à dire : périsse le monde plutôt que la sainte devise de cette république : Liberté, égalité, fraternité !

Nous, jeunes républicains, nous acceptons le citoyen Ledru-Rollin comme candidat à la présidence parce qu'il personnifie le principe républicain de la révolution de février, et nous inscrirons son nom sur nos bulletins afin qu'on ne puisse pas nous reprocher d'avoir abandonné la cause de la démocratie.

Je porte donc un toast à la Montagne et au citoyen Ledru-Rollin, principe vivant de la révolution.

Qu'il sache bien qu'il y a dans la jeunesse des cœurs qui battent à l'unisson du sien, et qu'il ne marchera pas seul à la conquête des vertus démocratiques et sociales.

Toast du citoyen GAMBON, représentant du Peuple, Président du Banquet.

Chers concitoyens et amis,

Le plus grand honneur que pouvait recevoir un de vos représentants, c'était celui d'être appelé à présider, dans la patrie de Saint-Just et de Claude Tillier, un banquet de travailleurs, tous réunis sous la bannière de la République démocratique et sociale.

Cette République n'est point un accident, elle est une nécessité, un besoin : c'est l'œuvre du temps, de la patience et du dévouement de vos pères.

Les vérités qu'elle apporte avec elle, la révolution de février n'a fait que les reconnaître et les constater. Ces vérités sont antérieures à toutes les révolutions; mais appuyées désormais sur la souveraineté de tous, sur la justice et sur le droit, déposées vivantes dans la conscience humaine, elles viveront éternellement tant que la foi animera nos cœurs et que l'un de nous restera pour les défendre.

Je veux donc porter un toast à la foi républicaine, source des grands dévouements et des grandes vertus.

A cette foi profonde et réfléchie que ni les dangers, ni les obstacles n'arrêtent; qui s'avance invincible à la conquête de l'avenir sans dévier de sa route et sans perdre un instant de vue le but qu'elle veut atteindre. Pour elle, hésiter est une faute, transiger une faiblesse, reculer une trahison.

A cette foi aux principes qui ne peuvent ni ne doivent se plier aux évènements ni aux circonstances, mais devant lesquels les évènements et les circonstances doivent se plier !

C'était elle qui animait nos pères d'un saint enthousiasme et leur faisait pousser ce cri d'abnégation et de dévouement: « Périssent nos mémoires plutôt qu'un principe »!

Aussi n'hésitèrent-ils point à sacrifier leur repos et leur vie, et même ils consentirent pour le salut du peuple que leur mémoire fût pour un temps flétrie.

Quand la Convention eut renversé la royauté et en eut fini avec le vieux monde des privilèges, deux partis alors comme aujourd'hui se disputèrent la Révolution. D'un côté les hommes du passé, les hommes d'état, comme on les appelait, royalistes par conviction, constitutionnels par éducation, devenus républicains par la force des choses, mais méconnaissant la démocratie et doutant de sa force; de l'autre les hommes de l'avenir, pleins de confiance, s'appuyant sur le peuple, travaillant pour lui, combattant avec lui, convaincus, audacieux et ne redoutant qu'une chose, de ne pas faire assez pour le triomphe de l'humanité.

Pour rendre tout retour vers le passé impossible, ils frappent dans le roi non pas l'homme, mais le principe monarchique;— ils n'ont point comme ils le disent — à rendre une sentence pour ou contre un homme, mais une mesure de salut public à prendre, un acte de providence nationale à exercer.

Ah ! citoyens, nous sommes loin de cette foi dans les principes; car à peine le peuple en février, a-t-il renversé la royauté, que nous nous empressons de la reconstituer sous le nom de présidence de la République.

Après ce défi lancé à l'Europe monarchique, la révolution appelle les peuples à la liberté, et cette fois les peuples ne lui répondent qu'en se liguant contre elle. L'Angleterre et la Hollande menacent la France, la Convention n'hésite point, elle déclare la guerre à l'Angleterre et à la Hollande. Alors commence cette lutte incroyable et unique dans l'histoire, la lutte d'un peuple s'armant contre tous les peuples pour leur salut même et leur indépendance. Tout l'empire Germanique, la Souabe, la Bavière, l'Espagne, la Sardaigne, Naples et Rome, tous ces peuples se lèvent pour étouffer la liberté pour laquelle ils versent aujourd'hui leur sang ; la Vendée, poussée par les nobles, se soulève ; à la frontière, Dumourier fait défection et passe aux Autrichiens; Lyon, Marseille, Bordeaux, excitées par les menées royalistes, sont en pleine insurrection ; nos ports sont bloqués par les Anglais ; Toulon leur est livré, et vingt mille Piémontais pénètrent en France. Voilà la situation faite à la République par tous les ennemis de la démocratie, et cela explique suffisamment les mesures violentes prises pour sauver la patrie. Comment en effet vaincre l'étranger sans enthousiasme? comprimer les factions sans épouvante? faire vivre le peuple sans maximum? alimenter les armées sans réquisitions? La République n'est plus qu'une grande ville assiégée, il faut qu'elle devienne un vaste camp et la patrie un soldat. Les dangers se multiplient, nos pères multiplient leurs forces par l'enthousiasme : tous font serment de vaincre ou de mourir pour la liberté. Douze cent mille soldats accourent à la voix de la patrie en danger, et quatorze armées marchent à la frontière. La Convention leur ordonne de vaincre, et toutes, au chant de la Marseillaise, vont combattre les ennemis de la France : partout alors la République triomphe. Elle était attaquée, elle devint agressive. Mais qui donc inspira à nos pères ces moyens de salut? la foi. Qui les fit vaincre? la foi. Voilà les merveilles qu'elle sut faire ; et ceux qui ont nié sa présence en ces jours de dévouement sublime, connaissent bien peu notre histoire.

Si j'ai évoqué ici devant vous, citoyens, les souvenirs du passé, ce n'est point que je veuille faire une apologie quelconque des violences que tous les amis de l'humanité regrettent, et que tous ses ennemis exploitent avec tant de perfidie : j'ai voulu seulement faire ressortir l'esprit qui anima les hommes de la Révolution dans les circonstances difficiles où ils se trouvèrent placés.

J'ai voulu leur rendre justice et vous montrer qu'une pensée supérieure à toutes les passions humaines, l'amour de la patrie, les domina constamment dans leur carrière politique; et l'on peut dire sans crainte de se tromper, qu'au fond même de toutes ces violences il y a un sentiment profond de justice, et que l'âme même de la révolution, c'est l'amour de l'humanité.

Puis, quand la République fut tombée sous les menées et les intrigues des partis, la révolution pour se sauver, se fait homme. Missionnaires, armés comme au temps des croisades, nos soldats passent d'Italie en Egypte, et parcourent l'Europe, toujours vainqueurs jusqu'aux steppes de la Russie. Mais lorsque l'homme de génie qui avait mené nos soldats à la victoire pendant dix années, eut abandonné la cause de la démocratie pour ne songer qu'à lui et à sa gloire, alors notre brave armée perdit la foi qui l'avait soutenue jusques-là, et avec elle les dernières batailles livrées à la France épuisée. Après Austerlitz, nous eumes Waterloo ! Et, chose providentielle, quand la semence de liberté fut répandue dans toute l'Europe, la main de Dieu qui avait poussé Napoléon, l'abandonna tout à coup. Elevé par la guerre de principes au rang suprême, la guerre d'ambition et de conquêtes le fit descendre : c'était justice. Aux folies impériales devait succéder la captivité de Sainte Hélène.

Mais si nous perdîmes nos libertés sous l'empire, au moins cette époque était glorieuse. 1815 nous ramena les Bourbons avec les bayonnettes étrangères, et nos conquêtes de vingt-cinq années de dévouement et d'héroïsme : gloire, honneur, patrie, tout cela, grâce à la bougeoisie, fut broyé sous les pieds des cosaques. Nous traversâmes alors une époque de froid scepticisme, où l'on ne fait plus d'efforts que pour retourner en arrière et reconstituer le passé. Mais heureusement l'idée jetée par le monde a germé, et même elle grandît si vite sous le souffle puissant des Foy, des Benjamin-Constant, des Paul-Louis Courrier, de l'illustre chansonnier Béranger, que c'est à peine s'il fallut trois jours au peuple pour renverser le trône de l'étranger.

Vainqueur encore une fois en juillet 1830, confiant et crédule comme toujours, le peuple remet son avenir et sa victoire entre les mains de la bourgeoisie. Vous savez ce qu'elle en fit : rien ne fut respecté par ce gouvernement de la honte et de la corruption. Religion, patrie, famille, propriété, tout fut profané, tout fut mis à l'encan. Croyances sincères bafouées, opinions consciencieuses persécutées, la patrie avilie, agenouillée devant l'étranger, les propriétés nationales dévastées, les fonctions publiques vendues, les chemins de fer livrés à l'agiotage, le peuple écrasé d'impôts, la famille prostituée et dégradée à ce point que nos gouvernants pour se débarrasser de leurs femmes et de leurs enfants, vont jusqu'à l'assassinat : voilà le système de juillet ; voilà le spectacle donné au monde par cette aristocratie du capital et de la fortune, qui a compté dans son sein les Teste, les Cubières, les Mortier, les Praslin ; et c'est elle qui accuse aujourd'hui les républicains, les hommes du peuple de vouloir détruire la famille et la propriété. Heureusement, citoyens, notre vie, nos actes, notre conduite sont là pour confondre toutes ces calomnies; et l'histoire un jour dira qui de nous ou de nos adversaires a le plus avant dans le cœur le véritable sentiment religieux, l'amour de la patrie, le respect de la famille et de la propriété légitimement acquise.

En 1830, il avait fallu trois jours pour chasser le roi de l'étranger et l'aristocratie de naissance; en 1848, le peuple a mis trois heures pour renverser la royauté de juillet et l'aristocratie de fortune. Il ne s'agit plus désormais que de constituer la véritable aristocratie, celle du travail et de la probité; il ne faut pour cela qu'un peu de patience et que le peuple s'éclaire par la discussion sur ses droits et ses devoirs. Au dévouement sublime de nos pères!

Martyrs de l'humanité, nous n'avons point à recommencer la lutte, nous n'avons qu'à organiser la victoire. La fraternité n'est point un vain mot pour nous, et nous croirions l'outrager que de la défendre par la violence: en effet, ce n'est plus par les armes qu'il faut vaincre, mais par la science et le travail. La terre défrichée par nos pères, ensemencée par eux, arrosée de leurs sueurs, de leur sang, a produit ses fruits; la moisson est mûre, c'est à nous de la recueillir. Bien loin de leurs vertus et de leur patriotisme, nous aurons cependant la même ambition, celle de poursuivre sans relâche l'amélioration de l'état physique, intellectuel et moral de tous les citoyens, par l'éducation gratuite, par le suffrage universel, par le travail, par le crédit et l'association.

Cette œuvre, nous le savons, sera périlleuse et difficile, mais nous redoublerons d'efforts. Les combats et les trahisons ne manqueront pas, mais nous les vaincrons par la vigilance et par la foi. En contribuant ainsi, dans la mesure de nos forces, à faire faire un pas de plus à l'humanité, nous prouverons au monde que les enfants de la France républicaine de 1848 ne sont pas dégénérés, et qu'ils sont les dignes fils de ces hommes dont la vie ne fut qu'un acte de foi continuel.

Je termine, chers concitoyens, comme j'ai commencé, en portant un toast à la foi Républicaine.

A cette foi qui a sauvé la Révolution française, qui a soutenu les Hoche, les Marceau, les Kléber, tous ces soldats magnanimes de la démocratie; qui a conduit nos armées victorieuses sur tous les champs de bataille, à Arcole, à Marengo, à Austerlitz, et qui sauverait encore notre République si elle pouvait être en danger.

C'est elle qui affranchira les peuples des derniers vestiges de la tyrannie, et qui fera surgir un monde nouveau sur les débris du vieux monde corrompu qui s'écroule.

C'est elle qui élèvera par l'égalité, tous les hommes à un niveau d'intelligence, de moralité, de bien-être.

C'est elle enfin, qui, unissant dans l'homme le sentiment de la fraternité et l'instinct du sacrifice, réalisera dans les faits ces vérités immortelles que nos pères ont proclamées et qui feront la grandeur et la gloire de la République démocratique et sociale.

Vive la République !

—

Le citoyen ROUGET, tailleur à Nevers, développe un toast au sentiment démocratique en France.

Après avoir défini le sentiment démocratique, la passion collective des masses, aspirant à transformer les conditions politiques et sociales, à refaire le monde, à établir la justice et le bonheur pour tous ; et plus loin : L'âme entière d'une nation, s'épenchant comme un torrent de feu où va se retremper l'humanité tout entière.

. L'orateur continue en ces termes :

Non, non, citoyens, elles n'auront point été vaines les promesses de celui qui a racheté les prolétaires aussi bien que les esclaves ; non, elles n'auront point été vaines les tentatives de la France révolutionnaire, pour réaliser la fraternité universelle et établir sur la terre le royaume de Dieu et sa justice.

Et maintenant, quelque forme de gouvernement que nous ayons, et fûssions-nous assez malheureux pour retomber sous la monarchie, ce que je ne crois pas, et ce qu'à Dieu ne plaise ! Quoi qu'il arrive enfin, soyez tranquilles: l'égoïsme et la corruption ne prévaudront pas, ne prévaudront jamais en France contre le sentiment démocratique ! Nous vous en attestons, mânes des hommes religieux et incorruptibles, qui avez tout donné : fortune, vie, réputation même, pour l'affranchissement des masses opprimées et pour continuer l'œuvre du Christ, et qui êtes encore abreuvés d'outrages comme lui ! Mais non, la génération nouvelle ne vous renie plus : demandez à Lamartine, à Louis Blanc surtout, ce sublime historien de la démocratie, à Louis Blanc, et j'aime à lui rendre ici ce public hommage, à Louis Blanc persécuté, exilé de sa patrie, moins pour ses erreurs que pour ses sympathies pour les masses. Non, dis-je, la génération nouvelle ne vous renie plus, grands hommes de la grande Révolution: vous êtes ses auteurs, ses pères ; elle veut ce que vous voulez ; elle est rentrée dans la carrière que vous lui avez ouverte, et elle y marchera désormais sans porter atteinte à la propriété, sans trébucher dans le sang, sans craindre les écarts ni les faux pas, parce qu'elle sera guidée par le flambeau d'une science nouvelle, par le flambeau du socialisme. Regardez ! il apparait à tous les horizons du monde : aveugle qui ne le voit pas !

Le citoyen **MALARDIER**, instituteur, auteur de l'*Evangile Républicain*, obtient ensuite la parole ; Il termine en ces termes un discours qui a été fréquemment interrompu par de nombreux applaudissements.

. . . .
. . . .

Je vois sur la terre un vaste palais resplendissant de lumière et de beauté, dans lequel vont seulement quelques individus qui mangent, boivent, chantent et se réjouissent nuit et jour dans des festins splendides, au son de la musique et des fanfares et autour de ce palais dont les murailles semblables aux créneaux d'un antique château-fort, laissait appercevoir de distance en distance la gueule horrible de gros canons et de fusils de remparts ; autour de ce palais, affreux et beau à la fois, rôde continuellement une masse nue et affamée qui demande du pain. Imaginez les angoisses cruelles et la torture atroce de cette foule entendant sans cesse les cris de joie de ceux qui habitent le palais !

Cependant quelques gémissements, quelques cris se font entendre jusque dans l'intérieur du palais. Alors, tous les convives quoique repus et avinés se lèvent tous ensemble et disent ; qu'est-ce donc que ce désordre ? qui vient ainsi troubler notre joie ? Alors, un de ces hommes vacillant sur les jambes et dont le vin trouble la vue, ouvre une fenêtre et dit : rassurez-vous, mes amis, ce n'est rien ; ce sont des ombres qui passent.

Toutefois, non complètement rassurés par ces paroles, car la peur les tourmente toujours, ces hommes de chair et de plaisir se disent entre eux ; si nous tirions quelques coups de canon pour dissiper ces fantômes ; et ils tirent le canon, et ils se remettent à boire et à manger comme auparavant.

Mais la foule encore tout épouvantée, et poussée d'ailleurs par la faim qui crie dans ses entrailles, revient toujours et toujours ; on la chasse à coups de canon et de fusils. Tout-à-coup une voix part de la foule ; eh bien ! puisque nous ne pouvons pénétrer dans ce palais, il faut le démolir. Oui, oui, répond la foule, il faut le démolir, et ils se mettent aussitôt à l'œuvre. Les uns pratiquent une mine sous les fondations, il font sauter en l'air une partie de l'édifice qui en retombant écrase de ses débris bon nombre d'assaillants et d'hommes heureux; d'autres font de grandes trouées dans les murailles, et pénètrent ainsi dans l'intérieur du palais en criant : j'ai faim! j'ai faim! du pain! du pain ! .

Les hommes qui étaient là au milieu des tables et des débris du festin, car dans leur trouble ils avaient perdu la tête et avaient tout renversé pêle-mêle, ces hommes aussi lâches que gourmands sont saisis d'épouvante et disent aux nouveaux venus : de quoi vous plaignez-vous ? que voulez-vous ? Nous nous trouvons bien ici! pourquoi venez-vous *troubler ainsi l'ordre?* Oui, répondent les autres, nous le voyons, vous êtes très-bien ici ; mais nous, nous étions très-mal dehors.

Hommes modérés et humains, considérez un peu nos haillons, nos mains décharnées, nos figures hâvres et livides, nos membres meurtris et ensanglantés par vos balles et vos boulets; nous sommes des cadavres vivants, et vous nous demandez ce que nous voulons. Ce que nous voulons, hommes modérés, c'est le banquet pour tous, nous sommes prêts à oublier votre cruauté à notre égard et à vous recevoir dans nos bras.

Venez donc nous aider à démolir ce vieux palais qui menace ruine et qui vous écrasera de ses débris si vous continuez à l'habiter ; venez nous aider à en rebâtir un autre plus vaste et plus beau où nous puissions tous vivre et nous aimer, de sorte qu'il n'y ait plus de nos frères dehors.

Ce que nous voulons ? Détruire la guerre et la misère pour inaugurer enfin le règne de la fraternité sur la terre. Ce que nous voulons? C'est que selon l'esprit de l'évangile, qui n'est pas celui de l'église, les derniers soient les premiers, les premiers les derniers, c'est-à-dire qu'il n'y ait plus ni derniers ni premiers, mais seulement des égaux et des frères, absolument comme dans la République céleste.

Place pour tous au soleil, et vie pour tous sur la terre ! vie matérielle et morale, vie digne de l'homme et non de la bête ! et vous nous condamnez au régime de la bête ; ce que nous voulons enfin, c'est la République du peuple, la République démocratique et sociale.

Vive la Montagne !
Vive la République démocratique et sociale !
A l'Egalité sociale !

Le citoyen PIERREDET, artiste. — Aux courageux défenseurs du peuple !

Citoyens amis, citoyens frères,

C'est dans cette communion fraternelle que nous venons puiser un ardent amour et un courage invincible pour renverser tous les obstacles, et témoigner notre vive sympathie pour nos représentants qui se sont proclamés si hautement et à la face de la nation française, les zélés et courageux défenseurs de nos droits.

Serrons-nous auprès de nos représentants, sans cela les riches nous asserviraient comme par le passé et viendraient nous dire le fouet à la main : marchez vite, canaille ; vous êtes faits pour travailler et ramper. Vos sueurs, votre sang, votre vie, tout cela est destiné à nos plaisirs en ce monde. (Bravos prolongés.)

Et nous, pauvres esclaves, le front incliné vers la terre, nous serions encore une fois forcés de nous agenouiller aux pieds du maître qui, en passant, nous jettera avec mépris le morceau de pain, produit d'un courageux travail.

Sachons donc nous unir et lutter avec courage contre nos adversaires, marchons avec nos défenseurs, et lorsque le jour sera venu, prouvons-leur notre sympathie et notre confiance entière en leur accordant un vote unanime.

Voilà le vœu le plus sincère de mon cœur.

Vive Ledru-Rollin !

———

Le citoyen COGNIER, faïencier. — A l'affranchissement des peuples !

Pourquoi y a-t-il des maîtres et des esclaves, tandis qu'il ne doit y avoir que des hommes, des citoyens, des amis et des frères ? Dieu n'a point créé d'esclaves, mais seulement des hommes. Le prétendu titre des grands n'est qu'un vol fait sur la liberté des autres. Au fait, ne sommes-nous pas faits de la même manière ? et pourquoi des distinctions ? ouvrez nos

veines : ce sang qui coule abondant et vermeil n'a-t-il pas de
la même couleur que celui d'un aristocrate? et après ma
mort, mon cadavre sera-t-il moins beau que celui du privilé-
gié de ce monde? Alors donc, pourquoi dénier à l'ouvrier le
droit de vivre en travaillant, tandis que tant d'autres ont le
droit de vivre sans rien faire?

Je repousse la candidature de Louis-Bonaparte parce qu'elle
est appuyée par les nobles, les prêtres, et en général par un
ramassis d'ambitieux, tous les ennemis mortels de la liberté et
de nos droits. Je vote pour un homme qui n'est pas prétendant,
afin de montrer à l'Europe entière que la France ne veut plus
de trône, plus de privilèges, mais le droit de tous. Nous voulons que le fils du simple laboureur, si sa vertu et ses talents
le permettent, puisse arriver au premier rang et être président
de la République.

Je vote pour Ledru-Rollin.

Je porte un toast au droit au travail, à l'affranchissement de
l'ouvrier, à la République démocratique et sociale; à l'indépendance de tous les peuples!

—

Le citoyen SERIZIER, avocat. — A la jeune Montagne! A la candidature de Ledru-Rollin à la présidence
de la république!

Citoyens,

Au mois de mai, quand nos représentants quittèrent
nos départements pour aller accomplir la mission que
nous avions confiée à leur patriotisme, nos cœurs étaient
pleins d'espérances; nous pensions que ces hommes fidèles
à leurs sentiments, uniraient leurs efforts pour établir sur
des bases solides le règne de la démocratie, et rendre
à notre patrie le rang qu'elle doit occuper dans le monde.
Combien vite notre espoir s'est évanoui? n'avons-nous
pas vu, méconnus et foulés aux pieds les sublimes principes de la révolution de février : le droit au travail qu'on
devrait plutôt appeler le droit à l'existence; l'impôt progressif qui n'est que l'impôt sur le superflu; l'éducation
égale et gratuite pour tous; le crédit foncier, cette res-
source du petit propriétaire; la liberté de la presse tour-

à-tour impitoyablement rejetée par cette assemblée qu'on eût dit s'étudier à marcher sur les traces de ses dévancières, instruments passifs d'une royauté bourgeoise? n'avons-nous pas laissé lâchement égorger, après leur avoir promis notre appui, les peuples qui, suivant notre exemple, ont tenté de secouer leurs chaînes? Milan, Naples, Vienne, Berlin, Burcharest, ne sont-elles pas là pour témoigner de la pusillanimité du gouvernement de la république. Mais à la vue de ce triste spectacle, est-ce à dire que nous devions perdre courage? Non, citoyens.

Au milieu de ces représentants que nous accusons d'avoir manqué à leur parole, ne se trouve-t-il pas des hommes pleins de dévouement qui ont voué au peuple leurs têtes, leurs cœurs et leurs bras? La jeune montagne n'est-elle pas descendue fièrement dans la lice, inscrivant sur son drapeau ces sublimes principes de la fraternité :

Tous pour chacun, chacun pour tous !

Elle a profité des conquêtes de sa sœur aînée, et, plus heureuse qu'elle, elle combat au nom de la fraternité. Après avoir lutté de tous ses efforts contre les empiétements d'une bourgeoisie incorrigible, ne vient-elle pas, dans un manifeste qui restera comme celui que lança jadis le plus grand républicain de la Convention, nous tracer nos droits et nos devoirs ?

Notre cause qu'elle défend, fondée sur la justice et la raison, se développera comme toute vérité, et finira par envahir le monde. Rangeons-nous donc tous sous ses drapeaux : c'est elle qui tient la lumière, suivons-la donc; et puisque nous avons foi dans ses principes, soutenons les hommes qui ont consacré leur fortune et leur vie à les défendre : en les soutenant, c'est nous-mêmes que nous soutenons.

Qu'il me soit permis, citoyens, d'énumérer ici les titres de ceux qui se présentent à nos suffrages, dans l'importante question de la présidence.

Le premier, Louis-Napoléon Bonaparte, n'a d'autre titre que son nom, comme si c'était le nom qui donne le génie; et ce nom glorieux ne l'a-t-il pas prostitué à Strasbourg, à Boulogne, en parodiant le retour de l'empereur, comme si de pareils évènements pouvaient se renouveler. En Angleterre, ne l'avons-nous pas vu courant les clubs et les salons de l'aristocratie, faire retentir les journaux du bruit de ses exploits au tournoi d'Eglington ?

puis embrassant la cause de cette même aristocratie contre le peuple, s'armer d'un bâton de constable? il avait donc oublié Ste-Hélène. Elevé loin de la France, il ignore nos penchants, nos instincts, nos besoins : à peine peut-il parler notre langue; que vient-il aujourd'hui revendiquer? sa qualité de citoyen Français quand il l'a changée contre celle de Zurichois ou d'Argovien? Et d'ailleurs il se présente à nos suffrages, appuyé par les bourgeois orléanistes, les légitimistes, les monarchistes de tous les régimes et de toutes les dynasties qui, jadis ont trahi son oncle et qui, comptant sur son incapacité, espèrent renverser la République. Faisons-donc justice de ce Napoléon impuissant, qui ne pourrait nous amener que la guerre civile.

Quant à Cavaignac, repoussons-le de tous nos efforts; il a perdu la cause de la révolution à l'extérieur et à l'intérieur? N'a t-il pas abandonné les nations opprimées qui imploraient notre secours? lui soldat, n'a-t-il pas offert les républicains en holocauste aux hommes de la réaction? n'a t-il pas laissé fusiller, emprisonner, déporter des malheureux égarés par la faim? lui républicain, ne s'est-il pas associé au pouvoir des anciens ministres de Louis-Philippe, qui veulent déjà substituer à notre sublime devise, Liberté, Egalité, Fraternité, la devise d'un règne qui n'est plus?

Lamartine, lui, a fait beaucoup pour la révolution de février; mais depuis...., Inclinons-nous devant son génie... Poète de rêve et d'imagination, il ne saurait avoir la raison froide, positive qui convient à l'homme d'état, au président de la République.

Raspail, lui, c'est un vieux soldat de la démocratie, sa vie entière appartient au peuple; il a souffert et souffre encore pour lui; ce serait notre candidat, si un autre citoyen, vétéran comme lui de la cause du peuple, ne paraissait avoir plus de chances de réussir. Vous l'avez tous nommé, c'est Ledru-Rollin. Il consacra, comme Raspail, son talent, sa fortune et sa vie à soutenir la cause qui a triomphé en février. Ce fut lui qui le premier, en face des efforts que faisait encore la royauté pour maintenir sa couronne, osa proclamer la République. Comme ministre de l'intérieur, ce fut lui qui mit en jeu le suffrage universel, qu'un mois auparavant on traitait d'utopie. Au sein du gouvernement provisoire, il lutta de tous ses efforts contre l'impôt des 45 centimes, qui devait engloutir les sueurs du peuple; grâce à lui l'esclavage des noirs fut aboli dans nos colonies, l'impôt sur le sel, l'exercice sur les boissons.

Fidèle aux glorieuses traditions de la France, il voulut notre intervention dans la cause des nationalités opprimées, et l'armée des Alpes fut organisée. Plus tard, après que la réaction l'eût contraint de quitter le pouvoir, ne l'avons-nous pas vu de sa mâle éloquence, venir à la tribune défendre les droits du peuple? En butte aux plus noires calomnies, n'a t-il pas forcé à rougir et à se rétracter, après les avoir convaincus de mensonge, ses lâches ennemis? Honneur à lui! et puisque la contre-révolution a fait triompher le principe de la présidence, choisissons-le; de tous les candidats il est le seul qui puisse préserver notre patrie des maux qui la menacent, en faisant rentrer la révolution dans la voie que Dieu lui a tracée.

A la Montagne! à Ledru-Rollin!

—

Le citoyen JACOB fils, architecte, secrétaire du Banquet :

A L'AMNISTIE !

Amnistie, Amnistie pour nos frères égarés, les uns par de cruelles déceptions, les autres par la faim! *Amnistie* pour nos frères qui conquirent nos droits politiques! *Amnistie* pour les vainqueurs de février !

Citoyens, qu'avons-nous à reprocher à ces dignes apôtres de la liberté, si ce n'est un désir trop ardent de voir s'éteindre au plus vîte l'ignorance et la misère, la misère qui les étreignait si fort depuis quatre mois, eux les héros, les martyrs de la révolution, eux les éclopés de la monarchie.

Ah! que l'on ne nous dise pas : c'étaient des escrocs, des pillards, des assassins; ces infamies soulèvent notre cœur de dégoût.... : la cause est maintenant jugée, et déjà les exploiteurs du sang de nos compatriotes, les bourreaux de notre chère patrie n'osent plus lancer l'outrage aux vaincus ; il savent bien qu'on ne le souffrirait plus.

Quoi ! citoyens, c'étaient des escrocs, ceux-là qui montaient la garde, nuit et jour, couchés sur la paille, aux portes des hôtels, des banques et des palais ? des pillards, ceux-là qui fusillaient les voleurs ? des pillards, n'est-ce pas, ceux qui vidaient leurs bourses jusqu'au dernier liard, pour venir en aide au gouvernement provisoire ? et, citoyens, c'étaient sans doute aussi des assassins ceux-là qui, le 24 février se dépouillaient de leurs blouses pour en revêtir les gardes municipaux afin de les dérober à la mort.... Arrière donc, calomnies et mensonges..!

Est-ce à dire que je vienne ici faire l'apologie de l'insurrection armée? non, citoyens, mille fois non: car nul n'a plus que moi le respect de la souveraineté du peuple ; et pour combattre un gouvernement qui en est issu, je ne connais qu'une arme, le bulletin; qu'un champ de bataille, l'élection ; je viens au nom de l'humanité, au nom de la fraternité, réclamer justice pour nos frères qui gémissent dans les casemates et sur les pontons, et dont la seule faute est de s'être laissés entraîner par excès de patriotisme ou de misère ; je viens aussi au nom de la famille, dont on nous accuse de vouloir la destruction, demander que l'on rende un époux à son épouse, un père à ses enfants, un fils à son vieux père.

L'amnistie, citoyens, est non-seulement juste , équitable , elle est encore nécessaire, indispensable, je dis même plus, qu'il y aurait iniquité , cruauté , à laisser plus longtemps nos frères dans les prisons ; car, voici l'hiver, et ce n'est pas avec les 15 centimes par jour des bureaux de bienfaisance, que des milliers de familles seront préservées de mourir de faim et de froid.

L'amnistie, citoyens, nous l'aurons, parce que ceux qui tiennent les verroux des cachots et qui se nomment, sans doute par dérision, républicains modérés, ont autant d'erreurs à se faire pardonner que nos frères qui sont emprisonnés ou déportés sans jugement...... Ne pouvaient-ils pas, ceux qui avaient tout en main, par des mesures sages et énergiques, enlever tout prétexte à l'insurrection ? ne devaient-ils pas la rendre impossible au lieu de la comprimer ?

Oui, citoyens, je le répète: l'amnistie, nous l'aurons parce que le peuple, et le peuple c'est nous tous, la veut, et qu'à la volonté du peuple qui de toutes parts se fait entendre, rien ne résiste.

Donc, à l'amnistie de tous les détenus et prévenus politiques depuis février !

Le citoyen GUERBET, de Clamecy.

CITOYENS,

C'est au nom de vos frères de Clamecy que je prends la parole; leurs cœurs battent comme les vôtres aux mots d'honneur et de patrie : comme vous ils ont les plus vives sympathies pour nos dignes représentants de la jeune montagne, pour ces jeunes et vigoureux athlètes qui n'attendent que la circonstance de prouver qu'ils sont dignes de leurs devanciers. — Honneur à ces glorieux mandataires! gloire à Ledru-Rollin! (*vifs applaudissements.*)

—

Le citoyen GUENEAU, menuisier à Cosne. — A la souveraineté du peuple, la seule légitime, la seule que doivent défendre des hommes de cœur!

CITOYENS,

Il y a une année à peine, on organisait dans une ville voisine, un Banquet réformiste : c'était une lutte entre les chevaliers de l'opposition dynastique et les gentilshommes de la corruption. Les libéraux ne demandaient rien pour le peuple travailleur, ils se bornaient à réclamer pour eux-mêmes l'exercice du pouvoir et l'extension des priviléges ; ils croyaient moins prochaine la chute du système qui prétendait gouverner sans tenir compte des vœux du peuple. Mais quelques mois plus tard, un génie puissant brisait la monarchie bourgeoise, et le contre-coup ébranlait tous les trônes de l'Europe.

Comme en 1830, nous crûmes que la vraie souveraineté nationale allait être instituée, mais comme en 1830, notre espérance était une illusion.

En effet, citoyens, si nous accomplissons aujourd'hui un patriotique pèlerinage dans notre vieille cité nivernaise, c'est que nous éprouvons tous le besoin de nous unir fraternellement pour combattre sur le terrain de la propagande les ennemis de la République, les ennemis de la souveraineté du peuple.

C'est que nous avons besoin de nous renseigner mutuellement sur la valeur de ces bateleurs dynastiques qui, à force d'hypocrisie et de mensonges, ont capté nos suffrages pour al.er à l'assemblée nationale, combattre nos droits au lieu de les défendre ; pour aller trahir nos intérêts dans ces écoles aristocratiques où l'on apprend à calomnier les ouvriers et leurs défenseurs, où les tartuffes politiques, les royalistes et les usuriers prennent le nom de républicains honnêtes et modérés.

Nous leur avions confié la mission suprême, presque divine, de construire un édifice démocratique, majestueux et solide, pour abriter nos droits contre les attaques de toute tyrannie; nous les avions chargés de proclamer le droit au travail, complément indispensable de la devise sublime de nos pères : Liberté, Égalité, Fraternité.

Mais édificateurs égoïstes ou de mauvaise foi, ils ont reblanchi la masure monarchique, et sur son vieux fronton criblé par la foudre populaire, ils ont, de leurs mains sacrilèges, écrit le symbole républicain, décorant ainsi des noms les plus sacrés, l'œuvre la plus stérile. Ils ont décrété l'aumône qui humilie le travailleur et ne peut tendre qu'à l'asservir.

Voilà pourquoi, frères ouvriers, nous n'avons encore entrevu aucune des améliorations que nous étions en droit d'attendre : rien n'a été changé.

Comme sous la monarchie, les malthusiens prétendent que 1 fr. 25 c. pour une journée de 12 heures de travail, doivent suffire à tous les besoins de l'ouvrier.

Comme sous la monarchie, ils soutiennent que les traitements de 25 mille francs n'ont rien d'exhorbitant, même pour les fonctionnaires qui ne travaillent jamais ; et tous les emplois lucratifs sont donnés de préférence aux millionnaires, en haine de la pauvreté savante et laborieuse.

Comme sous la monarchie, l'ouvrier patenté, sans ouvrage, paye le droit de travailler pour vivre, tandis que les rentiers, les capitalistes ne payent pas le droit de vivre sans travailler.

Comme sous la monarchie, la justice gratuite est un gouffre dans lequel s'engloutissent tous les petits patrimoines : elle dévore toujours la dernière obole de la veuve et de l'orphelin.

En voyant tant d'abus rester debout, n'est-on pas tenté de croire qu'un grand nombre de nos législateurs, de nos hommes d'état, ne veulent, ni l'égalité, ni la fraternité, ni la

république démocratique vraie, ni la souveraineté du peuple,
et qu'ils ont feint de la proclamer dans leur constitution?

Eh bien, frères ouvriers de la Nièvre! malgré les entraves
qui enveloppent le berceau de la démocratie, malgré l'orage
immense qui assombrit l'horizon politique, ne désespérons point
de l'avenir : il est à nous, car nous n'essayons de le conquérir
que par les moyens pacifiques : il est à nous, car notre cause
est celle de l'humanité : il est à nous, car étroitement unis sous
le drapeau de la fraternité, nous formerons une association
puissante, et le suffrage universel nous permettra de remporter
d'éclatantes victoires dans les champs de batailles électoraux.
C'est alors que nous pourrons reconnaître et chasser du temple
les intrigants qui spéculent sur nos misères, pour escamoter la
souveraineté nationale.

> Oui, mes amis, à la souveraineté du peuple français!
> Vive la France! Vive la République démocratique
> et sociale!

Le citoyen GUENEAU, menuisier à Cosne, donne
ensuite lecture d'une fable composée par lui.

L'âne chargé de reliques.

Admirant le portrait du héros qu'on renomme,
    Un ouvrier s'extasiait.
En cet instant maître Louis passait:
Louis, le neveu du grand homme!
Et d'un air patelin il dit à l'artisan :
Salut! beau travailleur, mon zélé partisan.
Moi, votre partisan, répondit l'homme en blouse:
A vous, qui flagornez l'Angleterre jalouse :
Vous qui, dans l'helvétie ayant votre maison,
Vous faites Zurichois, Argovien ou Grison;
Vous, constable maudit, polluant sans vergogne

Le nom le plus sublîme, à Strasbourg, à Boulogne !
Oh ! ne confondez point : je suis admirateur
Du plus grand des héros du soldat empereur :
Vous convoitez l'honneur acquis au pont d'Arcole.
Croyez-moi, mon petit, retournez à l'école.
Posséder le chapeau d'un illustre parent,
Cela ne suffit pas pour être président.

—

Pour soutenir un nom qui remplissait la terre,
Il faudrait du génie, un noble caractère.

—

Le citoyen **J. MIOT** termine ainsi une longue improvisation, interrompue plusieurs fois par de vifs applaudissements.

CITOYENS,

A la solidarité des peuples ! car selon ma pensée, selon la vôtre, c'est la garantie de la liberté contre le despotisme ; la défense des nations contre les attaques souterraines, les passions sanguinaires des rois coalisés ; parce que la solidarité c'est l'union, c'est la force, c'est la victoire des opprimés, la mort des oppresseurs ; parce que la solidarité, c'est la vengeance des victimes.

A la France d'abord, comme foyer de lumières ! à la France émancipatrice, à la France solidaire des autres nations ! et non plus à la France conquérante, car la conquête, c'est l'injustice, c'est le vol et l'assassinat : à la Pologne, sa sœur chérie, dont la poitrine a été sillonnée par les balles qui devaient la frapper au cœur ? à la Pologne, cette barrière de la civilisation contre les barbares du Nord ! à l'Allemagne révolutionnaire ! aux démocrates Viennois tombés sous les coups des sicaires de l'Autriche ! à l'Italie ! non pas à l'Italie des moines fainéants, mais à la fière Italie, à l'Italie démocratique ! à l'Irlande ! non pas à l'Irlande endormie sous la main d'Oconnel, non pas à cette Irlande résignée qui accepte la loi des lords, mais à l'Irlande

frémissante dans sa rage et sa faim ! à l'Irlande révolutionnaire !
à l'Espagne ! non pas à l'Espagne de l'inquisition, cette Espagne éteinte sous la main de Ferdinand ; mais à l'Espagne bri-
sant le pouvoir des pourvoyeurs d'auto-da-fé.

A tous les peuples libres ! A l'Europe démocratique !

La journée du 3 a été bonne pour la démocratie.

Le banquet des démocrates de la Nièvre a été admi-
rable de concorde et d'union, et aura produit ce résultat
d'habituer le peuple à des communions fraternelles où
l'ame grandit et s'élève, et où l'homme devient meil-
leur.

Rien ne manquait à cette fête populaire, si ce n'est
la bourgeoisie, qui croit arrêter le progrès en restant
à l'écart.

Son absence, sans nous surprendre, nous a cependant
affligé ; car en s'isolant, elle perd tous ses droits à la
confiance du peuple, et elle entretient ainsi une division
fâcheuse entre les citoyens.

Pourquoi ne viendrait-elle pas prendre sa place dans
nos fêtes populaires ? Pourquoi résister aveuglément
aux conséquences sociales de la révolution ? Si la
bourgeoisie venait s'asseoir côte à côte à la table des
prolétaires, elle verrait ce qu'il y a de trésors de dévouement et d'amour dans le cœur du peuple, et bientôt
à la défiance universelle succéderait une franche et
cordiale amitié.

Nevers. — Imp. de Regnaudin-Lefebvre.